Con la compra de este libro estás ayudando a proveer
empoderamiento mediante talleres literarios para desarrollar
autoestima y bondad en beneficio de niñas en alto riesgo
en el Puericultorio Pérez Araníbar, Lima, Perú.

UN PROYECTO DE

Believe in kindness
FOUNDATION

www.believeinkindness.org
instagram @we.believeinkindness

Literapy

Danna Clark

to feel through words and perhaps even inspire others

sn w
fountain
press

@literapy

Danna Clark ©

Primera Edición, 2019
Instagram: @literapy
Website: www.literapyworld.com

Snow Fountain Press
25 SE 2nd. Avenue, Suite 316
Miami, FL 33131
www.snowfountainpress.com

ISBN-13: 978-1-951484-02-6

Diseño y diagramación editorial
Snow Fountain Press:
Alynor Díaz

Con la compra de este libro estás ayudando a proveer talleres literarios para desarrollar autoestima en beneficio de niñas en alto riesgo en el Puericultorio Pérez Araníbar, Lima, Perú.

Un proyecto de la *Fundación Believe in Kindness*.

Le dedico estas líneas a los amores imposibles y a
los posibles, a los miedos y a las ganas de vivir
la vida.
A los mensajes ocultos que logran salir a la luz y
a los corazones rotos.

Gracias a mis dos niños, por ser mi luz.

A las personas queridas que ya no están.

A mi padre, al que tanto quiero.

A mis hermanos, por los años de complicidad y por un futuro incondicional.

A mi gran amiga que vio en mis textos una belleza de la que yo dudaba y me animó a seguir escribiendo.

A mi gran amor, por caminar a mi lado y ser mi apoyo para poder volar sin límites,

A mi madre adorada, por enseñarme que… **el arte y la vida son lo mismo.**

Capitalizar el amor significa
invertirlo en ser feliz.

Somos las historias que besamos y los besos que escribimos.

Este silencio me mata.
Mis palabras atraviesan el papel y siento
ruido.
Un ruido aislado.
Un ruido interno.
Un mensaje privado que encontró un
destino entre mi piel y esta hoja de papel.

Píntame una raya en el cielo.
Márcame un camino aéreo.
Que me lleve hacia mí.
Que regrese hacia ti.
Que no permita que me raye el alma
contra el suelo.

Y me besaste, aunque estaba prohibido.

Y te besé, en defensa propia.

Y rompimos el momento.

Y así.

Nos salvamos.

Cuida mis sueños.
Bésame en ellos.

Pinto con mi luz.
Borro con mi oscuridad.
Escribo con mis sombras.

El egoísmo es escasez,
es un mundo sin oxígeno.
El amor propio es un cielo floreciendo
atardeceres.

Una vez te dije que era para siempre.
Para siempre significa eterno, significa
incondicional y significas tú.
¿Significo yo?

Extrañar es quererte abrazar en medio
del vacío.
Es llenar tus ausencias con tus recuerdos
y morir de amor,
en cada milímetro de oxígeno,
en cada uno de tus suspiros.

Hay decepciones tan hondas que ni
aunque perdones sientes alivio.
Y es que el perdón te lo debes a ti misma
por no haber marcado tu territorio.
Por haber permitido.
Por no haberte querido más que a los
demás.

Estoy temblando tranquila
(con los ojos cerrados).
Como quien se supo en peligro
y aunque la seguridad haya vuelto
la sensación persiste.
Es mi cuerpo el que tiembla,
son mis músculos aterrorizados que aún no saben que
estamos bien.
He abierto los ojos.
Ya no tiemblo.
Te he pedido un beso.
Te he pedido me dejes abrocharte el corazón al pecho
y ordenarte los pensamientos
por colores.
Para que te sea luego más fácil escogerlos al cerrar
los ojos,
cada noche
y entonces,
si tiemblas,
tiembles tranquila,
(porque estamos bien).

La poesía en un silencio en medio del
ruido de la vida.
Es un susurro de inspiración en medio de
la soledad social.

Y no sé por qué.
No podía mostrarme vulnerable delante
de mis personas más queridas.
No sé si por no fallarles o por no herirlas.
Mi dolor se vería multiplicado en el espejo
de sus miradas.
Y eso no lo soportaría.

Hoy nada me parece.
Todo es lento y hasta cómodo.
Cómodamente lento.
Sin embargo el día se ha convertido en
noche rápidamente.
Y no has llamado.
Y la luna me encontrará neutra, como
distraída, como ausente.
Y no sé si es mi ausencia o la tuya.
No sé si la soledad es más soledad
cuanto más sola estoy
o la noche es más
intensa sin ti.
O si la mañana nos despertará luego que
la intensidad de la noche nos haya
despeinado.
O si la ausencia nos hará hecho dormir
inmóviles.
Y no me parece.

Querido abril:

Te agradezco por las flores y los rayos de
luz.
Llegaste con una agenda densa y yo iba
a paso lento.
Me llevabas ventaja.
Ya casi te alcanzo.
Voy aún caminándote, soñándote, y
marcando cada día del calendario con un
logro personal.
Desde respirar hasta sanar y
ultimadamente avanzar y sonreír.

Háblale a mi fibra más íntima, rózame la
córnea con tu pupila.
Susúrrame dignidad. Regálame libertad.
Respétame, luego si quieres ámame.

No me sale.

La hoja está en blanco y me parece
hermosa
así, vacía.

Han sido noches interminables de
palabras que se estrellaban contra el
papel.

Han sido noches de sueños.

Sueños que huían para no quedar
atrapados entre las sábanas y mi piel.

Han sido muchas noches.

Han sido muchas hojas.

Llenas.

Saturadas de palabras y de vida.

Saturadas de ti.

Denuncio
sobre mi papel
que estamos armados,
tú con tu silencio y yo con mi pluma.

En cada segundo se nos escapa la vida
y
en cada abrazo
la recuperamos un poquito.

No estoy triste, así soy.
Estoy completa, con mis sombras y con
mi luz.
Estoy feliz de sentirme viva,
de disfrutar mi caminata por la vida,
de ver a los niños crecer.
Aunque eso suponga el privilegio
de envejecer (a tu lado).

Háblame de cosas bonitas.
Háblame de tus ojos al imaginar tus
sueños.
Recuérdame cómo late un corazón adolescente
y cómo ríe un alma buena.

Un hilo enredado puede frenar tu ruta.
Aunque sea invisible.

Cuando tengo miedo
es cuando más te extraño.
Cuando estoy feliz
te extraño también.

Extraño mi vieja librería,
—el olor a café y a papel—.
La producción allí era grandiosa,
aunque terminase convertida en carta a
mi madre y abrazo a mi hija,
o nunca haya salido de mi cajón, sino para
p e r d e r s e.

Ojalá te pasen solo cosas grandiosas,
o cosas pequeñas que te hagan
grandiosamente **F E L I Z.**

Siempre fuimos tres.
Tú, yo y mi mente.

Te daría un beso interminable,
te abrazaría por siempre.

Detectores de metales,
corazones contra armas mortales.
Leyes huecas,
venden rifles como bicicletas.

Estoy en modo dibujo,
no me pidas que escriba.
No veo letras,
veo líneas.
Veo espacios vacíos.
Veo tinta negra
          —mucha—
y me fascina.

Que te cuide tanto
que te rompa los miedos
y cuando estén rotos
recoja los pedacitos
        y los tire al mar.

Si en otra vida nos volvemos a encontrar, no me dejes de besar.

Te doy permiso para besar,
solo si tengo licencia para soñar.

Que tu mirada cansada
encuentre reposo entre mis manos
y que tu mente
duerma sobre mi corazón derecho.
Eso es, sin duda, un acto de amor
—i m a g i n a r i o—.

Todo pasa y no pasa nada.

Hay sonrisas de complicidad y sombras
de árboles que son testigos.
Hay abrazos clandestinos y hay puentes
en los suspiros.
Hay una estación donde los limeños
hemos, alguna vez, escuchado una
canción de amor.

Tus besos son mis aretes.
Sin ellos me siento desnuda,
desmoronada.

Mostrarte vulnerable cuando es
absolutamente necesario,
es un acto de máxima dignidad.

MANIFIESTO

No tengo resoluciones solo sentires.
Buscaré una ruta de pasos tranquilos,
de días vividos y largos permisos para sentir
y sonreír.
Buscaré crecer y abrazar, dejaré que fluya.
Me dejaré ir.
Y si en el camino me tropiezo,
me distraigo o me equivoco, volveré a empezar,
volveré a mí después de respirar hondo,
después de asumir.
Buscaré las puestas de sol y la luz de la luna,
para bañarme en su brillo y vestirme de calma,
para encontrarme conmigo y bailar
en aquella vieja sala,
entre muebles queridos forrados de telas brocadas
y recuerdos de hogar, de futuro y de estabilidad.
Buscaré y me perderé muchas veces,
me perderé en la música,
me perderé en la noche y me encontraré distinta.
Miraré mi reflejo cada día intentando
que me trascienda,
que me diga quién soy o quién no soy.
O que tal vez me diga quién quiero ser.

Adicta a ti
Tanto así
que en tu ausencia
te veo
y en tu esencia te sueño.
Como si elevara tu recuerdo
a una dimensión
extra sensorial
eterna
infinita.
Tanto así
que estás
aunque no estés.

Me demoré en enviarte mis tres corazones,
porque estaba disfrutando de tus tres arcoíris.

Una carta escrita a 563 mph
me ha hecho llorar.
Aislada de la tierra
a 12.192 m de altitud
ni acá ni allá.
Palabras que han navegado
del Pacífico al Atlántico.
Lágrimas que han recorrido mi cara.
Estoy a una hora de saber cómo estamos.
Estoy a una hora de todo.

Me desperté un día y era setiembre.
Se me había pasado ya más de la mitad del calendario
y el verano aún seguía marcando su territorio.
Por alguna razón siempre me he sentido feliz de ser una
chica virgo.
No sé si era la sensibilidad, la pulcritud o la capacidad
de organización, (habilidades que según el horóscopo nos
pertenecen a las virgo), lo que me hacía sentir orgullosa
de mí, pero sin duda me parecía el signo más femenino y
hermoso del zodiaco.
Hoy, sin embargo, me atrae setiembre porque marca un ciclo
de vida.
Una nueva estación.
Porque me recuerda la noche anterior a los días felices,
días de torta de chocolate y coronas de cartón.
Días de personas queridas, familias completas y fiestas
preciosas.
Días de regalos de amor.
Hoy me siento rodeada de un setiembre especial,
con sensibilidad y no tanta pulcritud,
con algo de organización
pero con espacio para desordenar mi cabello
y dejarlo volar con los vientos tímidos de un mes que
adoro,
que me recuerda quien soy y de donde vengo,
pero que me susurra que aún queda tiempo de soñar.
Bienvenido otoño, que tus aires vengan cargados de vida
y que el sentimiento de metas cumplidas y compañías
queridas no me abandone jamás.

Prefiero saber que no sé nada,
a no saber que sé un montón.
Sobre todo cuando no quiero saber
todo lo que no sé
que sé.

Entre pensamientos circulares
cargados de miedo
cargados de ganas
llegas tú,
con tu silencio
y
logras lo ilograble
(logras abrazar mi corazón con tus cejas).

M E M O R I A D E A M O R
lentamente/recordaba/me moría.

No hay nada más estimulante que una buena copa de vino y una conversación plana entre dos extraños que se quieren comprar el mundo, un mundo que no está en venta. Estimula mis ganas de escribir sobre todo aquello que no se puede comprar y sobre todo aquello que no te quiero vender.

La maternidad solitaria es un paraíso de sensaciones debatidas entre la felicidad total y aquellos vacíos que nos quedan en el alma.

La dicha del hijo y el dolor de la ausencia de quien te falte, porque la dicha es más dicha si se comparte, y la ausencia es más solitaria cuanto más sola estás, porque en la dicha materna hay también responsabilidad y también en ella se juegan muchos sueños.

Esa mezcla es capaz de adormecerte al punto de perder la noción del tiempo para luego despertar en otra piel.

Una piel extraña.

Tal vez diez años después, tal vez tu verdadera piel.

Una piel que se estremece al verlos crecer.

Una piel a la que le toca soltar para verlos volar.

Caminar sobre la arena mojada
tiene sus ventajas.
Dejar tus huellas es una de ellas.

www.ingramcontent.com/pod-product-compliance
Lightning Source LLC
Chambersburg PA
CBHW070801050426
42452CB00012B/2443